Helmut Zwanger

Tübinger Israeltrilogie

Gedichte 1980–2012

Mit einer Einführung von Karl-Josef Kuschel

KLÖPFER&MEYER

© 2012 Klöpfer und Meyer, Tübingen.
Alle Rechte vorbehalten.
ISBN 978-3-86351-049-7

Umschlaggestaltung unter Verwendung einer Vorlage
des Autors aus dem »Tal der ermordeten Gemeinden«
in Yad vaShem/Jerusalem: Christiane Hemmerich
Konzeption und Gestaltung, Tübingen.
Herstellung: Horst Schmid, Mössingen.
Satz: CompArt, Mössingen.
Druck und Einband: Pustet, Regensburg.

Mehr über das Verlagsprogramm von Klöpfer & Meyer
finden Sie unter: *www.kloepfer-meyer.de*

Meinen Enkeln
Camilo
Santiago
Mathilda
und NN

Karl-Josef Kuschel

Helmut Zwanger als Theologe und Sprachkünstler

Zur Einführung

Hier legt jemand eine Bilanz vor, legt sein Vermächtnis offen, indem er sich zunächst selbst thematisiert. Er ist Jahrgang 1942. Aber er redet sich nicht heraus mit Verweis auf die »Gnade der späten Geburt«. Er sieht seinen Anteil an der Geschichte des Verhängnisses. Er will nicht bloß »Glück gehabt« haben. Dass er lebt, ist ihm keine Selbstverständlichkeit, vielmehr versteht er sich als »Überlebenden«. Warum? Weil er nur dadurch lebt, dass er nicht zu denjenigen gehörte, die im Deutschland der vierziger Jahre systematisch vernichtet wurden. Das ist sein Besonderes: Ohne alle Relativierung und Selbstbeschwichtigung sieht er sein Leben in einem unlösbaren Zusammenhang mit dem Volk, das in deutschem Namen der Vernichtung preisgegeben wurde. »*Jahrgang 1942*« heißt das entsprechende Gedicht:

> »Warum
> hast du überlebt?
> Warum,
> fragte ein Engel im Traum.

Über die Schwelle kam
das Wort:

Weil ich
kein Jude
war.«

Ein Schlüsseltext des Autors. Es steht für Selbsterkennt-
nis und Selbstverpflichtung zugleich. Für die Erkenntnis,
dass es kein Weiterleben nach 1945 geben kann, das un-
empfindlich wäre gegenüber dem Schicksal des jüdischen
Volkes. Und für Verpflichtung auf schonungslos wahr-
hafte Erforschung der Ursachen eines Antisemitismus,
dessen grauenhafte Folgen bis heute zu spüren sind. Für
beides steht das literarische Werk von Helmut Zwanger,
dessen Kernstück, die ersten drei Gedichtbände, unter
dem Titel »*Tübinger Israeltrilogie*« hier noch einmal in
überarbeiteter Form vorgelegt wird. Texte schickt er aber-
mals auf den Weg, die von Anfang bis Ende anschreiben
gegen eine heute vielfach verbreitete Geschichtsamnäsie,
gegen Vergessen, Verharmlosen und Vergleichgültigen,
kurz: gegen Gedächtnis- und Empfindungslosigkeit.

Zur Selbstthematisierung kommt die Selbstverortung.
»Tübinger« Israeltrilogie? Das ist mehr als freundlicher
Lokalpatriotismus. Das ist ein Fingerzeig. Geschichts-
vergessenheit ist auch eine Tübinger Erfahrung. Helmut
Zwanger verortet seine israelsensiblen Texte bewusst
lokal. Diese Stadt und ihre Universität haben *auch* eine
Geschichte des Antijudaismus und Antisemitismus zu

verantworten. Der Gründervater der Universität, Graf Eberhard im Bart, vielgepriesen, hochverehrt? Gewiss. Und gewiss zurecht. Aber Zwanger erinnert ebenfalls zurecht an eine Facette, die auch zu seiner Geschichte gehört: die Vertreibung von Juden aus Tübingen im Jahr der Gründung der Universität 1477 und »post mortem aus ganz Württemberg«. Er erinnert daran so, dass der von Christen vollzogene Antijudaismus zugleich als Verrat an Christus erscheint. Das entsprechende Gedicht spielt auf das »*Stifterbild von Mechthild und Graf Eberhard unter dem Gekreuzigten in der Martinskirche Sindelfingen*« an:

»Mutter Mechthild
und ihr Sohn,
der die Juden vertrieb,
huldigen vereint

schmerzen
den Mann am Kreuz«

Von hier aus gibt es für Zwanger eine Linie, die zur Zerstörung der Tübinger Synagoge in der »Reichspogromnacht« 1938 führt und zum geschichtsvergessenen Umgang mit den Synagogenruinen sowie dem Synagogenplatz nach 1945. Der »Tübinger Synagoge« ist nicht zufällig ein Text gewidmet. »Tübingen und Yad vaShem« (so eines der Gedichte) – auch hier gibt es eine Gedächtnislinie, eine Linie von den Hügeln über dem Neckar zu den Hügeln Jerusalems, in denen in Yad vaShem der Opfer des Holocaust gedacht wird. Dort im »Tal der ermordeten Gemeinden« steht auch der Name »Tübingen« in Ivrit und in Deutsch.

Israelverachtender Geschichtsvergessenheit aber haben sich vor allem auch die Kirchen schuldig gemacht. Zwanger hat erst spät diesen Zusammenhang erkannt: Der rassische Antisemitismus der Nazi-Verbrecher, der ein ganzes Volk verblendete, ist undenkbar ohne den Jahrhunderte lang gehätschelten Antijudaismus der christlichen Kirchen. Wie sollte eine Kirche sich auch als Mitbetroffene mit dem jüdischen Volk fühlen, die seit jeher das jüdische Volk theologisch enterbt und heilsgeschichtlich ausgestoßen hatte? Die Ab- und Ausstoßung Israels war lange genug »geistig« vorbereitet worden. Am Ende gab es weder öffentlichen Protest noch aktiven Widerstand.

Zum evangelischen Theologen ausgebildet, hat Zwanger wie viele seiner Generation lange gebraucht, um diesen Zusammenhang zu erkennen. Sein Vorwort zu diesem Band ist an Selbstkritik deutlich genug. Wer ihn, den späteren Pfarrer an der Tübinger Martinskirche, zur Reichspogromnacht einmal hat predigen hören (zum Beispiel am 7. November 2010), wird die klaren Worte nicht vergessen, mit denen Zwanger die Verantwortung gerade auch seiner, der protestantischen Kirche, benennt. »Unser Reformationsvater Martin Luther«? Schon er hatte in seinem Manifest »Von den Juden und ihren Lügen« dazu aufgefordert, Synagogen und Schulen der Juden zu verbrennen! Das zu sagen, fällt nicht leicht. Aber Zwanger redet offen, »so bitter« das schmeckt und »so schwer es einem immer wieder fällt«. Fassungslos und lapidar zugleich hält er noch heute fest, dass die Verantwortlichen der Kirche zur Verfolgung und Vernichtung des jüdischen Volkes schwiegen! »Als die Synagoge / Schrein, Tora und Wurzel / angetastet wurden, / stellten sich / weder Ecclesia / noch Alma Mater / schützend / vor dich.«, heißt es in dem genannten Gedicht »Tübingen und Yad vaShem«.

Nur Einzelne bildeten Ausnahmen. So der Tübinger evangelische Theologe Hermann Diem, Schüler Karl Barths und Mitglied der Bekennenden Kirche. Von ihm zitiert Zwanger in der genannten Predigt ein Wort des Protestes. Es steht in einem Brief Diems aus dem Jahr 1941 an einen Bischof seiner Kirche: »Als Christen können wir es nicht länger ertragen, dass die Kirche in Deutschland zu den Judenverfolgungen schweigt.« Die Kirche habe »insbesondere jenem ›christlichen‹ Antisemitismus zu widerstehen, der das Vorgehen der nichtchristlichen Welt gegen die Juden, bzw. die Passivität der Kirche mit dem ›verdienten‹ Fluch über Israel entschuldigt.«

Eine Ausnahme bildet auch ein württembergischer Pfarrer namens Albrecht Goes. Ihm, dem »Wegbereiter deutsch-jüdischer Versöhnung«, fühlt sich Helmut Zwanger in besonderer Weise verpflichtet. Ihm, dem Pfarrer und Poeten, der sich nach 1945 auch als Erzähler und Lyriker einen Namen machen sollte, hat er nicht nur ein Gedicht gewidmet, nachzulesen in diesem Band, sondern 2008 eine eigene Monographie mit dem programmatischen Titel: »Albrecht Goes. Freund Martin Bubers und des Judentums. Eine Hommage«. Denn es war Goes, der unter dem Einfluss Martin Bubers zu einer neuen und anderen christlichen Israel-Theologie vorgestoßen war. Bubers Wort vom Bund Gottes mit Israel, der – Christentum hin oder her – »ungekündigt« ist, ist Goes ebenso wie Helmut Zwanger verpflichtende Orientierung. Israel ist das bleibend erwählte Volk Gottes, allen kirchlichen Ersetzungs- und Übertrumpfungstheologien zum Trotz. Ohne dass man von dieser seiner Grundüberzeugung weiß, sind die hier vorgelegten Texte Helmut Zwangers nicht zu verstehen. Nicht zu verstehen ohne seine leidenschaftliche Absage an jeden Antijudaismus christlicher Theologien. »Nein, ein antijudaistisches Dogma ist falsch, irrig überholt«, kann er in der Predigt aus dem Jahr 2010 ausrufen und zugleich positiv festhalten:

> »In allen Kirchen ist die Botschaft vom ungekündigten Bund Grundlage, Fundament, Wurzel geworden. In allen Kirchen wurde begriffen: Antijudaismus wie Antisemitismus sind Gift. Der ›verdiente Fluch über die Juden‹ gehört zu den schlimmsten Verirrungen der Kirche. Wir sind bei Dietrich Bonhoeffer in die Schule gegangen: ›Nur wer für die Juden schreit, darf auch gregorianisch singen.‹ Wir haben gefolgert, dass man die Psalmen Israels niemals mehr christlich taufen darf.«

Drei Gedichtbände in einem Band. Das ist viel an Texten, bedenkt man Helmut Zwangers Selbstverständnis als Sprachkünstler, sein Verfahren beim Schreiben, seinen Umgang mit dem Wort. Denn im Verlauf der literarischen Arbeiten ist das Bemühen um immer strengere Wortverknappung, Wortverdichtung bei diesem Autor unverkennbar. Die Texte werden immer kürzer, karger, lapidarer. Viele sind verdichtet auf oft nicht mehr als drei, vier Verse. Was mag hier alles ausgeschieden, gar nicht aufgenommen worden sein? Auf wie viel ist bewusst verzichtet worden? Wie viel hat er sich und uns erspart? Gezwungen hat er sich zu immer radikaleren Reduktionen. Nur kein Wort zu viel. Nur die Geschwätzigkeit vermeiden. Nur der Wortinflation wehren.

Zieht man Vergleichslinien durch die Texte, merkt man schon formal und stilistisch Unterschiede. Im Teil »Israel, o Israel« findet sich beispielsweise ein Passionsgedicht. Es steht unter dem Titel »*Am Ölberg*« und lautet:

»Rings von Bergen umhegt
zum Kidrontal hinab
in einem Garten
Olivenbäume, uralt.
Aus greisenhaften Strünken
wachsen Gerten hartbelaubt.
Gegenüber
ragt zinnenbewehrt Mauerwerk hoch
schier unüberwindlich.
Scheinbar.«

Zunächst der weit ausholende, umkreisende Blick auf Landschaft und Lokalität. Der Garten Gethsemane liegt ja bekanntlich auf einem Hügel gegenüber der Altstadt von Jerusalem, deren Mauerwerk in der Tat »hoch / schier unüberwindlich« scheint. Dazwischen der Kidron-Bach. Einkreisend beginnt alles, weit ausholend, bewusst den Sprechduktus verlangsamend, um dann erst die Pointe zu setzen. *Unüberwindlich? »Scheinbar«.* Es sieht nur so aus. In Wirklichkeit ist es anders. Das Mauerwerk kann transzendiert werden.

Im Teil »Wort, wo bist du?« noch einmal das Thema Passion Jesu, jetzt aber in reduziert knappster Form. Fünf Zeilen, die sofort die Pointe liefern:

> »Mit Dir
> älterer Bruder
>
> beten
>
> Adonai
> Abba-Schrei«

Solche und ungezählte andere Texte zeigen einen Sprach-Arbeiter, der erkennen lässt, dass das Wort Dichtung weniger mit Erfindung als mit Verdichten zu tun hat. Wenn es einen Autor deutschsprachiger Literatur gegenwärtig gibt, der den Mut hat, seine »Verse« sogar auf einzelne Worte zusammenzuziehen, seine »Strophen« auf Wortkerne zu verknappen, dann Helmut Zwanger. Das ist für jemanden, der wie er als Pfarrer zu predigen und zu verkündigen hatte, alles andere als selbstverständlich. Aber er kennt den Unterschied genau. Da er den Wortinflationisten, ob auf Kanzel oder Katheder, misstraut, zwingt er sich – wenn er Texte schreibt – zur Selbstzurücknahme, zum freiwilligen Wortverzicht. Nicht aus Einfallslosigkeit, sondern aus Hochachtung vor der Sprache, aus Scheu vor den großen Worten, aus Respekt vor »dem Wort«. Hier kann er (gerade als protestantischer Theologe) an die Reformation anknüpfen, weil er weiß: Gerade sie hat aufs Neue der Kraft des unverbrauchten »Wortes« vertraut. Reformation ist – so gesehen – nie ein abgeschlossener Prozess, sondern ein Auftrag. Nicht Archiv, sondern Anfang. Zwangers acht Worte zum Stichwort »Reformation« sind denn auch Herkunftsbestimmung und Zukunftsauftrag zugleich:

> »Noch einmal
> den Anfang
> wagen
>
> in heutiger
> Zeit«

»Noch einmal / den Anfang / wagen / in heutiger / Zeit«: Das bedeutet Sensibelwerden für Veränderungsschübe im Verlauf einer dreitausendjährigen Religionsgeschichte. In diesen dreitausend Jahren sind Judentum, Christentum und Islam entstanden. Zwangers Texte sind gerade auch in dieser Hinsicht Spurensuche, Spurenwahrnehmung, Spurendeutung. Die lyrische Verdichtung des Themas »Israel« in seinen Texten, die immer wieder neu beschworene Vergegenwärtigung der uralten jüdischen Topographie von Kirjath-Arba bis Masada, vom Negev bis zum Sinai, vom Golan bis Herodion, die eindringliche Zwiesprache mit den Toten der deutsch-jüdischen Geschichte, seien es

Else Lasker-Schüler oder Nelly Sachs, Edith Stein oder Schalom Ben Chorin, wird immer wieder verbunden mit der Deutung großer christlicher Gestalten und der Wahrnehmung des Islam, gerade in dem Land, in dem wie nirgendwo sonst brennspiegelartig die Energien von Judentum, Christentum und Islam sich bündeln. Wer könnte heute noch nach Nazareth fahren und dieses Energiefeld zwischen Kirche, Synagoge und Moschee nicht wahrnehmen? Zwanger tut es auf eine für uns exemplarische Weise. Seismographisch werden in seinen Texten Spannungen registriert und weitergegeben. »*Nazareth*«:

> »Freitags folgen Menschen
> dem Muezzin in die Moschee.
> Am selben Abend
> wenden sich andere
> der Schabbatbraut zu
> und am Ende des Abends
> neigen sich Häupter
> zum sonntäglichen Öffnungsgebet.
>
> Unter der Woche
> in beäugender Distanz
> mit vergiftendem Blick
> aber ohne die Steine werfende Hand.«

Drei Gedichtbände in einem. Sie bieten jetzt die Chance, Linien zu verfolgen, Motivstränge wahrzunehmen und auszudeuten. Ich wähle unter den vielen Möglichkeiten den Motivstrang »*Abraham*«, um das Verfahren Zwangers als Sprachkünstler paradigmatisch zu verdeutlichen. Schon im Teil »Israel, o Israel« eine Anspielung auf Abraham. Typisch für das Schreibverfahren dieses Autors ist die topographische Verortung, die über zitathafte Fingerzeige symbolische Signifikanz erhält. »*Kirjath-Arba*« heißt das Gedicht. Gemeint ist der Ort, an dem Abraham, Stammvater der drei Religionen Judentum, Christentum und Islam, begraben liegt – auf dem einzigen Stück Erde, das er je käuflich erwarb und sein Eigen nennen konnte: in der Höhle von Machpela. Heute erhebt sich darüber eine alte Kreuzfahrer-Kirche, genutzt als Moschee und Synagoge. Auch hier registriert Zwanger sensibel ein Spannungsfeld:

»Moschee und Synagoge
einträchtig beieinander
hinter dem Grab von Machpela.

Draußen
ghettogleich abgewürgt
Hebron:
Geworfener Stein
heißt
gesprengtes Haus.

Verheißener Segen
verkommt:
Alle Geschlechter der Erde
werden sich Segen wünschen
in deinem Namen.
Statt dessen
hört Fluch auf
Fluch.«

Welch eine Geschichte gerade heute rund um den Mann, der hier begraben liegt. An Abraham erinnern heißt an die Trauergeschichte von Juden, Christen und Muslimen erinnern, die sich an keinem Ort bedrückender verdichtet als ausgerechnet am Abraham-Ort schlechthin: Hebron, Machpela. Statt Segen – Fluch. Statt Miteinander der Kinder Abrahams – ein bis auf die Zähne bewaffnetes Gegeneinander. Statt Familienzusammengehörigkeit – ghettohafte Abschließung.

Dieses Wechselspiel nimmt Zwanger in seinen Texten immer wieder wahr: das einst Versprochene und das jetzt Realisierte. Den Ur-Sprung damals und den Ab-Grund heute. Noch glaubt er an den Segen. Er ist nicht zum Zyniker mutiert – angesichts der real existierenden Konfliktgeschichte der Religionen. Er hält an den Verheißungen fest. Aber in seinen Texten notiert er lapidar, ohne alle Aufgeregtheit, ohne einen Anflug moralisierenden Pathos' Widersprüche, Absurditäten, groteske Verzerrungen. Dem Verrat der Segensgeschichte stellt er Widerstandstexte entgegen, die so unaufdringlich wie unerbittlich auf der Einlösung des Verheißenen insistieren.

Im Teil »Licht und schlicht: Wann?« eine weitere dramatische Spiegelung Abrahams. Diesmal nicht in Palästina, nicht in Hebron, sondern in Spanien, in Cordoba. Dieser Teil enthält Texte eines Zyklus über Andalusien, der motivgeschichtlich etwas Besonderes in der deutschsprachigen Lyrik nach 1945 dargstellt. Al-Andalus: Es ist das Land jahrhundertelanger Mischungen und Vermischungen von Juden, Christen und Muslimen. Welch eine Geschichte im Zeichen von *convivencia* und *reconquista*, gespiegelt in Orten wie Sevilla, Cordoba, Granada oder Santiago de Compostela.

Welch einzigartige Geschichte gerade auch des Judentums auf spanischem Boden. Mosche Ben Maimon, der größte jüdische Theologe des Mittelalters, stammt aus Cordoba, wird 1135 hier geboren. Und die Lebensgeschichte des Maimonides spiegelt die Dramatik des Mit- und Gegeneinander von Juden, Christen und Muslimen in Spanien. 1148 flieht seine Familie vor Religionsverfolgungen durch die Almohaden. Philosoph und Arzt, der er ist, hält er sich zunächst an wechselnden Orten in Spanien auf, dann in Fes und Acco, bevor er sich 1165 in Kairo niederlässt und 1204 dort stirbt. Sein Leichnam soll in Tiberias bestattet sein, wo man heute noch sein Grab zeigt. Abraham-Schicksal wiederverkörpert in einem der größten jüdischen Gelehrten. Zwanger spielt darauf an in seinem Gedicht »Maimonides«, eine berührbare Statue des großen Cordobesen in Cordoba vor Augen:

>»Cordobese von Geburt
>Tiberianer im Tod
>umspannt
>dein Gott
>bis ins tausendste Geschlecht
>unkündbaren Bund
>und Segen

wünscht sich
wer deinen Schuh
berührt«

Maimonides, geboren in Cordoba, begraben in Tiberias.
In der Spannweite dieser Geschichte ereignet sich jüdi-
sche Existenz, die sich auf den Weg Abrahams gemacht
hat – im Zeichen des ungekündigten Bundes, des Segens
für Volk und Völker. Zwanger beschwört sie in ergreifen-
den Texten. Er hat eine Sensibilität für die Vernichtungs-
und Vertreibungsgeschichte auf europäischem Boden, die
Juden und Muslime zu Hunderttausenden in den Tod
oder ins Exil trieb. Seine Texte sind Trauerarbeit an dem,
was der spanische Gegenwartsautor Juan Goytisolo ein-
mal die »Selbstverstümmelung« Europas nannte durch die
Austreibung von Juden und Muslimen aus Spanien. Be-
sonders Cordoba ist für den Glanz und das Elend dieser
Geschichte ein einzigartiger Symbolort. Hier steht eine
alte Synagoge. Ihr ist in diesem Buch ein eigenes Gedicht
gewidmet, in Erinnerung daran, dass nach der Judenver-
treibung 1492 aus Spanien die Christen aus diesem Haus
»ein Tollwut-Hospital« gemacht haben.

Hier steht aber auch La Mezquita, die uralte Moschee,
eine der größten und schönsten in der Welt des Islam. Sie
gilt mit ihren gewaltigen Ausmaßen und ihren Hunder-
ten von kunstvoll gearbeiteten Säulen als ein Wunder-
werk der Baukunst. Ein Raumorganismus – ästhetisch
vollkommen! Nach dem Sieg der Christen über die Mauren
1236 zunächst unangetastet gelassen, wird diese Moschee

auf dem Höhepunkt der Reconquista, ab 1489, kurz vor
der Eroberung Granadas, durch brutale Eingriffe in eine
christliche Kathedrale verwandelt. Ein halbes Jahrtau-
send dauert dieser Zustand nun an.

Helmut Zwanger ist nicht der erste Schriftsteller
deutschsprachiger Literatur, für den der Zustand dieses
Bauwerks Anlass ist zur kritischen Aufarbeitung der trium-
phalen Verdrängungsgeschichte im Christentum. Hein-
rich Heine mit seinen andalusischen Gedichten gehört
hierher. Auch Rainer Maria Rilke, der beim Anblick die-
ser ›vergewaltigten‹ Moschee einen Anfall von »beinahe
rabiater Antichristlichkeit« bekommt. Zwangers Text
»Mezquita in Cordoba« zwingt sich zur Lakonie (ich
kenne kein zweites Cordoba-Gedicht in der deutschen
Lyrik nach 1945 mit diesem inhaltlichen Fokus):

»Palmenwald
von weiser Hand geordnet
hütet die Vielfalt
der Welt.

Byzantinisches Glasgold
blüht in das Gebet
hinein.

Ausgebrochen
verschanzt sich
kathedral
hinter ihren Mauern
gewaltige Kirche«

Wir verfolgen die Abraham-Spur ein drittes Mal. Im Teil »Wort, wo bist du?« nur drei Zeilen unter dem Titel »Abraham«:

> »Dein Ruf
>
> schöpferisch
> zu beginnen«

Dein Ruf: Zeilenbruch, Strophenbruch. Die beiden Wörter dürfen ausschwingen. Dieser Autor beherrscht die Kunst der Selbstverlangsamung durch kalkulierte Abbrüche, die Kunst der mitkomponierten Pausen, die den Worten ihr Gewicht zurückgeben. Er ist ein Widerständler gegen die rasch verspielten Sätze, die rasch sich verflüchtigenden Worte, die rasch verbrauchte Sprache. *Dein Ruf:* Zeilenbruch, Strophenbruch. *Schöpferisch,* Zeilenbruch. *Zu beginnen:* Ende des Textes. Fünf Worte, sie genügen aber, um das Wesentliche des Abraham-Ereignisses in Erinnerung zu rufen. Abrahams Glauben bedeutet »Aufbruch«, schöpferischer Anfang. Schaut man in die Ur-Texte, fällt denn auch auf, wie sehr Gottvertrauen bei Abraham mit Auf-dem-Weg-Sein identisch ist. Beginnt doch seine Geschichte nicht zufällig mit dem programmatischen Wort »zieh weg«. Zieh weg »aus deinem Land und deiner Verwandtschaft und aus deinem Vaterhaus«. Seither zieht Abraham, wie er später selbst sagen wird, »ins Ungewisse, ins Offene einer Zukunft mit all ihren Unwägbarkeiten. Darauf wollen Zwangers fünf Worte zu Abraham hinaus.

Zwangers Texte sind Ausdruck eines *gelebten* Lebens-
und Sprachvertrauens. »Lyrik« im traditionellen Sinn sind
diese Arbeiten nicht mehr. Denn lyrisches Sprechen hat
sich hier derart verknappt, dass die Grenze zur epigram-
matischen Rede verschwimmt. Die epigrammatischen
Gedichte nähern sich dem Aphorismus. Verwischungen
von Gattungsgrenzen sind gewollt. Stehen bleiben hier
nur die Worte, die dem Schweigen Widerstand geleistet
haben. Wort, Wortkerne, die wie Inseln aus dem Meer des
Schweigens herausragen.

Aber nur weil er das Schweigen *bricht*, wird dieser
Autor zum Mitteilenden, zum Austeilenden. *Dass* er aber
das Schweigen bricht, hat mit seiner Liebe zur Sprache zu
tun. Der Sprach-Arbeiter Zwanger ist zugleich ein
Sprach-Erotiker, ein Sprach-Verliebter, der Worte wie
Preziosen behandelt. Was er uns also bietet in seinen
Texten, ist Schweigen als gebrochenes Wort, sind Worte
als gebrochenes Schweigen – geschrieben trotz allem in
der Hoffnung auf eine im Geist erneuerte, israelverbundene
Kirche. Deren Glaubwürdigkeit steht diesen Texten zu-
folge unter dem Vorbehalt:

> »Wenn du
> Mantel und Gewand
> um Gewand ablegtest
> Panzer und
> Kettenhemd abwürfest
> nackt

Christus
liebte dich«

Wir haben in Theologie und Literatur nicht viele seiner
Art. Nicht viele Doppelbegabungen vom Format eines
Helmut Zwanger. Grenzgänger zwischen Poesie und
Pastoral wie er sind höchst selten. Höchst selten auch die
Verbindung von Israelleidenschaft und Sprachsensibi-
lität. Deren Quelle ist nicht Mode oder Manier, deren
tiefste Quelle ist: Gottesleidenschaft.

Vorwort

Meine Israeltrilogie erscheint jetzt in einem Band zusammengefasst an der Schwelle zu meinem achten Lebensjahrzehnt. Ursprünglich waren es einzelne Gedichtbände: Israel, o Israel (1994); Licht und schlicht – wann? (1998); Wort. Wo bist du? (2000).

Zahlreiche Gedichte entstanden bereits 1980 nach einer ersten Israelreise, dann weitere über die Jahre hin und die letzten schließlich im vergangenen Jahr.

Etliche Gedichte wurden jetzt für die Neuausgabe überarbeitet, manche gestrichen und andere neu aufgenommen. Auch die Reihenfolge der Trilogie habe ich geändert: was einst am Anfang stand, steht jetzt am Ende. Denn Rückblick und Bearbeitung konzentrieren sich noch mehr auf ein Lebensthema, wie es für die im Krieg geborene Generation nicht untypisch war und ist. Ralph Giordano nannte es »Die zweite Schuld *oder* Von der Last Deutscher zu sein.« (1987)

Äußerlich war das die Zerstörung durch den Krieg, die vor Augen lag. Als Kind haben sich mir die zerbombten Ruinen Stuttgarts eingebrannt mit endlosen Trümmerlandschaften. Zuhause karger Mittagstisch bis 1948, bis dahin auch vaterlos. Ab 1949 kehrte scheinbare Normalität ein. Der Vater war wieder da. Die Schule begann. Wir wurden hineingezogen in eine strenge Alltagskultur der

Anpassung. Autoritäre Muster galten als selbstverständlich; Gewalt in Schule und Elternhaus über ein Jahrzehnt lang normal. Natürlich hatte der Vater das letzte Wort. Schuld war kein Thema.

Schon in jungen Jahren begann die überkommene ›Leitkultur‹ aus dem Dritten Reich zu bröseln. Es fing wohl damit an, daß ich auf die Zweitauflage von Eugen Kogon »Der SS-Staat. Das System Der Deutschen Konzentrationslager« von 1947 stieß. Seitdem riss die Beschäftigung mit der Shoah, die Auseinandersetzung mit dem deutsch-arischen Paradigmenwechsel und die Begegnung mit dem Judentum nicht mehr ab. Diese drei Impulse, Perspektiven, Herausforderungen bilden die eigentliche Mitte meiner Israeltrilogie.

Zur Beschäftigung mit der Shoah trat bald schon Nelly Sachs mit ihren Gedichten »In den Wohnungen des Todes« (Aufbau-Verlag 1947) und »Sternverdunkelung« (Bermann Fischer 1949). Später kam das Jahrhundertgedicht »Die Todesfuge« von Paul Celan dazu und Hunderte andere Autorinnen und Autoren.

Auch ein Satz von Alexander Mitscherlich hatte sich eingebrannt: »Eine tiefe Inhumanität hat sich seit langem vorbereitet. Dies ist die Alchemie der Gegenwart, die Verwandlung von Subjekt in Objekt, des Menschen in eine Sache, an der sich dann der Zerstörungstrieb ungehemmt entfalten darf.« (Medizin ohne Menschlichkeit 1960)

Je bedrängender das Gewicht der Shoah wurde und einen bis an die Grenze des Ekels trieb, umso fragwürdiger, heuchlerischer, verlogener wurde die fast täglich beschworene Attrappe ›Wir haben von nichts gewusst‹. Mehr und mehr wurde diese Attrappe brüchig. Fadenscheinig wurde dieses Lügengespinst. Die »gigantische Beseitigung der Spuren« (Alexander Mitscherlich 1960) ging allmählich nicht mehr durch. Eine Spur, die Albrecht Goes bereits 1945 schuf, wurde mir immer deutlicher, markanter, wesentlicher.

Und wir haben vermutlich noch nicht ausgelernt, wie sehr der deutsch-arische Paradigmenwechsel im Jahrhundert vor 1933 wurzelt und wie nachhaltig er den kulturellen Boden nach 1945 bis heute kontaminiert hat. Jedenfalls ist das ein zweiter Faden, der sich durch meine Israeltrilogie zieht und mich bis heute beschäftigt.

Der dritte Impuls zu meiner Israeltrilogie ist schließlich die Begegnung mit dem Judentum. Lange blieb sie mir verschlossen. In meinem Theologiestudium von 1964 bis 1970 sprach man vom ›Spätjudentum‹ wie von einem durch die Geschichte überholten Relikt. Man wurde vielfach und blindlings an wissenschaftliche Autoritäten gewiesen, die im Dritten Reich glühende Antisemiten waren. Christologisches Führerprinzip in Verbindung mit strukturellem Antijudaismus waren selbstverständlich. Selbst mein verehrter Lehrer Ernst Käsemann machte da keine Ausnahme: als authentisches Jesusgut galt nur das, was nicht aus dem Judentum abgeleitet werden kann.

Bestimmend wurde für mich die prophetische Anamnese von Martin Buber aus dem Zwiegespräch mit Karl Ludwig Schmidt im Jüdischen Lehrhaus in Stuttgart 1933: In Worms sieht Martin Buber von der Kirche zum jüdischen Friedhof hinüber: »Ich habe da gestanden und habe alles selber erfahren, mir ist all der Tod widerfahren: all die Asche, all die Zerspelltheit, all der lautlose Jammer ist mein. Aber aufgekündigt ist uns nicht worden.«

Mit Albrecht Goes, einem Freund Bubers, fand ich in Israel das Volk des ungekündigten Bundes, »das Volk des Wortes und des Weges«.

Schabbat und der Festkreis der Synagoge wurden mir in meinem Jerusalemer Sabbatical zur zweiten Heimat. Während dieser Zeit wurde Schalom Ben-Chorin mein Lehrer. Ich erlebte die Landschaften Galiläas und der Wüste Sinai im Atem biblischen Aufbruchs. So entstand über Jahrzehnte hinweg meine Israeltrilogie bis heute, eigentlich offen und unabschließbar:

Psalm 36

Bei dir ist die Quelle
Des Lebens

Wer immer
Da schöpft
(morgenlicht 2004).

Tübingen 2012   *Helmut Zwanger*

Teil I

Wort, wo bist du?

Ich suche allerlanden

Die Schuld ist die Last, welche die Vergangenheit
der Zukunft aufbürdet.   Paul Ricœur

Hoffnung eines Nachgeborenen

Vielleicht hätte es
den Schutzengel gegeben,
der mir ins Gewissen
flüsterte den Wink

›Ich suche
allerlanden eine Stadt‹

Zitat: Else Lasker-Schüler

Sprache

Du gingst
mit Nelly Sachs
und Paul Celan

so weit

Hofmannsthalsche Apokalypse

Die Worte
zerfielen mir im Munde
wie modernde Pilze

Asche
über Asche

Gruppe 47

unbedacht
was unterm geäst
verblieb

war
der kahlschlag

Ekel

Als ich anfing
die Worte zu wenden
Heil
und scheinheiliges Wort

poröser Heiligenschein
bis in geglaubte
Urworte hinein
(›Synagoge des Teufels‹)

spricht Gott
jenseits von Gott

Zitat: Johannesoffenbarung 2,9 und 3,9

Zeitgeist

Wir fliehen
davon

schnell
leichtlebig
weit hinaus
von Ort zu
Ort von
Lust zu
Lust

zu entkommen
dem schieren Grauen
blankem Entsetzen

Maikäfer flieg

Maikäfer flieg
dein Vater ist im Krieg

Wo nur
in der Welt?

Pommerland ist abgebrannt
             abgebrannt

Kind
scheut das Feuer
        reimverbrannt

Sophie Scholl

Worte
nur einige
hast du blankgesprochen

und siehe!
Du entdeckst
den Frevel

Mut
die Wahrheit
schlicht
zu sagen

Die Künstlerin Gudrun Müsse-Florin

Als dir
so leicht wurde
Entsetzen zu malen

wurde dir
das Leichte
Schöne und Wahre

schwer
und schwerer

Israel

Zeitraumlandschaften
als Biographien
der Völker

unverwechselbar

Sindelfinger Klagelied

Ganz am Friedhofsrand
wohin einst Selbstmörder verbannt
da liest man Namen
die keiner mehr kennt
Maria Prisjaschnaja
Anna Petrowna Ferbei
Josef Kosprd
Alexander Duprowski
Nikolai Kyzmenko
Wladimir Ljachow
Nikolai Meronow
Andrei Riobokonk
Michail Storublow

Ins Buch des Lebens aber, o Gott
hast Du aufgeschrieben mit Deiner Hand
Namen um Namen
Leben um Leben
Last Leiden
und Schuld

*Die Gedenkstele auf dem Sindelfinger Stadtfriedhof
hat die zweite Strophe aufgenommen.*

Schienen

Längst
ausgewechselt

im Gleisbett
wacht Trauer

bis ans Ende
der Welt

Eisernes Kreuz

Im Fluß
verrosteter Fund

als ich noch
nichts begriff

viergliedrige
Kreuzgestalt

Europäisches Haus

Nachdem das ganze Haus
Balken und Ziegel
Mauern und Fenster
samt Tür
zusammenstürzte

ahnst du
wie das Haus
gedacht war

als Menschenhaus

Kind

Er schrieb
›Auf ein Kind:
Mein Kind, in welchem Krieg hast du
die gelben Haare lassen müssen?
Gott gebe, daß in künft'ger Zeit
nie kein Verlust, noch ander Leid
dich bitterer im jungen Herzen
mag schmerzen!‹

Du gabst das weiter
an deinem ersten Muttertag
Neunzehnhundertneununddreißig.

Deine Mutter starb
und dein Sohn bekam
den Verlust zu spüren

Zitat: Eduard Mörike

Wer?

Wer
hat Auschwitz
gebaut?

Deutsche Architekten
Deutsche Juristen
Deutsche Professoren
Deutsche Pfarrer
Deutsche Weichensteller
Deutsche Arbeiter
Deutsche Bank

Deutsche
unjüdischen Glaubens

Hinter Vaters Rücken

Dein breiter Rücken
verschattete
versonnten Bach

wie Licht und Schatten
schau!
ineinander wirbeln
sich jagen und
verflirren

wollte ich
nur Licht
nur Dunkelheit?

Shoah

Das Menschenbild
war kein anderes

als
neunzehnhundertdreiunddreißig

Heideggers Schule

Und mußten
ganz von vorn
Leben lernen

nachdem
im Seinshaus
Truggeister wohnten

Blut und Boden

Wo blieben
Luft und Wasser
Weite
Wind

und Licht?

Deutsches Kulturjubiläum

Weimar
Schrägstrich
Buchenwald

Anschrift

Goethe in Weimar
bei Buchenwald

Heimatlieder

Am Brunnen vor dem Tore
verschwiegenes
Auschwitz

Im schönsten Wiesengrunde
Birkenau

Dachau

Verkehrte Welt
zwischen Au und Dach

Kein Dach
und keinerlei Au

Täuschung

Mehltau
im Sprachgezweig

damit von der Wahrheit
›unsere Kinderseele
unverletzet bleibt‹

Zitat: Liedzeile von Paul Gerhardt

B.B.

Lakonisch
gingst du
mit Laotse

mit den Juden
nicht

Nach Theodor W. Adorno

Wort um Wort
nacherinnerte
Menschen

Schuldgefühle

Du dachtest
an Konzentrationslager

bis in die Psychiatrie
hinein

Vernichtungsarchive

Jedes Mal
wenn ein Foto
erscheint

geht dein Finger
den Gesichtern
nach

er könnte
dabei
gewesen sein

Säuberungsbefehl

›So sauber
wie bei uns
ist es hier
natürlich
nicht.‹

noch nicht

Zitat: Feldpostbrief von der Ostfront

Oradour

Du siehst
den verbrannten Kinderwagen
in Saint Eglise
den Säugling
ringsum Mütter
Kinder und Kindeskinder

sagst nur dies:
›Das einzige,
was ich
von ihm
verlangen würde,
wäre,

daß er um Verzeihung bittet.

Das ist
alles.‹

Zitat: Robert Hébras, Überlebender von Oradour

KZ

Wenn einer
der Namenlosen
fragte:

Was bestand?
Wer bestand?

Yad vaShem-Archiv

Ich suchte
dir in den Akten
nachzugehen

suchte
dein Gesicht

Marc Chagall

Freund und Bruder,
mit deinen Farben
hast du das Kreuz
gemalt

bubersche Todschattenschlucht
russische Pogromfeuer
deutsche Meisterschaft

Wunden
über Wunden

Edith Stein

Während der Sommerhitze
im Viehwaggon
durch Deutschland

Dein Volk

Du sahst
darüber hinaus

*Edith Stein wurde am 9. August 1942 zusammen
mit ihrer Schwester Rosa in Auschwitz ermordet.*

NOVEMBER 1998 IN TÜBINGEN UND ANDERSWO

Die Trauerarbeit ist der Preis der Erinnerungsarbeit,
und die Erinnerungsarbeit ist der Gewinn der Trauerarbeit.
                                              Paul Ricœur

Tübinger Synagoge

Ein Mal in den Lüften
hätten wir
gern

während
an der Synagoge
die Vernichtung begann

»Das notwendige Gedenken an das Leid unserer ehemaligen
jüdischen Mitbürger sehen wir nicht als ortsgebunden an.«
(Ein Tübinger Immobilienhändler, als das Synagogen-Grundstück
überbaut wurde.)

Schlußvariante

Es muß
nicht alles gesühnt
werden

verneinen
die im Grab
verweinen
die im Grab
in den Lüften

warten und erwarten

»Ich bin auch nicht der Ansicht, daß alles gesühnt werden muß.«
(Martin Walser)

Scham

Diese Schande

wie sie es sagen
alle
fast alle jetzt
im Chor

als ob es gälte
die alten Schandzeichen
zu verbergen

Scham
schamrot

»Jeder kennt unsere geschichtliche Last, die unvergängliche
Schande, kein Tag, an dem sie uns nicht vorgehalten wird.«
(Martin Walser)

Dichtung und Wahrheit

Wir haben wirklich
von nichts
gewußt

wahrlich
von Nichts
gewußt

Lippengebet

Nichts
war
an deinen Lippen
zu lesen

nichts
was
von Herzen
kommt

Rechtfertigung

Entschuldige
Ich war ein Sünder
›billige Gnade‹
›Lippengebet‹

Das Wichtigste
war zu tun
vor
dem Allerwichtigsten

Billige Gnade: Dietrich Bonhoeffer
Lippengebet: Martin Walser

Ignatz Bubis

Beharrlich
siehst du
die Opfer

Menschen

und du schaust
Menschenopfer

Wer einen Menschen rettet

Ja

wer eines Toten
gedenkt

rettet
die ganze Welt

Albrecht Goes

Bewältigt
Bewacht
Beschwiegen
Unruhige Nacht

Nacht
für Nacht

beunruhigende Nacht

Zitat: Albrecht Goes, Unruhige Nacht 1950

Sehen

Du siehst

noch mit
dem blinden Fleck

aus dem Herzen

Psalm 23

Und ob ich schon wanderte
in Todschattenschlucht,
fürchte ich kein Unglück;
denn Du
bist bei mir,
Deine Keule und Dein Stab
trösten mich:
Wegweisendes Geleit

Moralkeule,
Moralkeulenfluch gar?

Moralkeule: Zitat Martin Walser

Stifterbild von Mechthild und Graf Eberhard unter dem Gekreuzigten in der Martinskirche Sindelfingen

Mutter Mechthild
und ihr Sohn,
der die Juden vertrieb,
huldigen vereint

schmerzen
den Mann am Kreuz

Als Graf Eberhard das Sindelfinger Chorherrenstift zur Grün-
dung der Universität nach Tübingen verlegte, vertrieb er die
Juden von dort 1477 und post mortem aus ganz Württemberg.

Geborgenheit

In Vaters Mantel
wolltest du
dich hüllen

doch er
so asch
zerfiel

Reichspogrom

Neunter
Zehnter November
in der Nacht

Martinstag
danach

Antijudaismus

Vater
Du hast mir
eine herrliche ganz
außergewöhnliche Baumscheibe
vom Mark her
rings durchringt
bis hinaus in die schroffe
harte Rindenhaut

blankgerieben
so elfenbeinblankgebetet

vermacht

ohne die Wurzeln
ohne die Äste
den Zweig

grünbelaubt

Weitergabe

Wie schien
überkommen
leibhaftiges Wort

im geringsten Menschen
Christusblick

sprachhaftiges Herz

Nach Matthäus 25,40

Synagoge

Stecken und Stab
zerbrochen
und augenverhüllt

was späterhin
von dir verblieb

›ewiglich beschüttet‹
zubetoniert.

Zitat: Martin Luther, Von den Juden und ihren Lügen 1543

Du stellst meine Füße auf weiten Raum

An der Schuld selbst Trauerarbeit leisten.   *Paul Ricœur*

Nach christlicher Zeitrechnung

Nach
Auschwitz

Anno Domini

Ackerfeld

Längst verwachsen
verdornt und versteppt

eine christliche Legende
jene Fruchtbarkeit

doch wenn einer
umpflüge diesen
Mythos

Warum?

Warum
hat Judas
Jesus verraten?

Deine erste Frage:
Warum verrät
der Mensch?

Sündenbock

Kreuzritterwahn
und Inquisition
Vertreibung
und Shoah

in Seinem Namen
geduldet
erlaubt
gar gebilligt

jeder Schekel aber
wurde dem Juden
verübelt

Jesus von Nazareth

Weltkinderhaft bleich
blond
und arisiert

von deinen
Geschwistern
abgeschnitten

Stuppacher Madonna

Knabe
im lockigen Haar
heilig holdseliges Paar

judenrein
der vertraute Altar

Jüdische Folie

Abgestempelt
und Kontrast

Folie bloß
für heiliges Drama

Christ

Deutscher Christ
getauft mit Blut

ohne
Wasser und Quell

Vornamen aus arischer Zeit

Unsere Namen
makellos
deutsch

Deutsch

Adonai hat
sein Volk
erwählt

Deutsches
nur übersetzt

Martin im 20. Jahrhundert

Martin Heidegger
Martin Buber
Martin Walser

Selten und rar
ein Martin
mit einem Du

»Martin Luther... Martin Heidegger... Martin Walser.
An jeder entscheidenden Wende in der deutschen Geschichte:
ein Martin?« (Bernard-Henri Lévy, FAZ 17.2.1999)

Schalom Ben-Chorin

Banco rotta
Christentum

Wortwurzel
im Schalom

Banco rotta: wörtlich ›zerbrochener Tisch‹

Dekalog

Du deutest Dich
aus

über Dich
hinaus

Augapfel

›Wer dich
antastet, der tastet
meinen Augapfel an.‹

Entzündeter Augapfel
tränt

Zitat: Sacharja 2,12

Auschwitz

Als Adonai
im Rauch
jeden
bei seinem Namen
ins Haus des Lebens rief

ließ er
Wunden zurück

Schrei

Im Schrei
schreist Du
Dich selbst heraus

Adonai

eintätowierte Nummer
eingeatmetes Gas
und gnadenlose Antlitzlosigkeit

De profundis

Aus der Tiefe
de profundis
im Todeswahnsinn
leuchtet
der Schrei
heim

zur Ikone Mensch

Paulinisches Gesetz

Jedes Gesetz
vermag

dieses bloße
nackte
zerstörte
Gesicht

anzurichten

Paulinische Zweifel

Tora

als mir
dieses Geheimnis
entglitt

wohin?
Du Weg
Weisender

Gott

Wie gehst Du
mit den Leidenden?

Du gehst

Kreuzigung

Als ob wir
erstmals spürten

Schmerz
Leid
Schrei

In Adonai

Christusikone

Sahst sie
alle

Gesicht
jüdisches Angesicht
allvoll des Leids

und siehst
sie alle

Jesaja 53

Als ich dich
so gebrochen sah

erkannte ich
das Geheimnis
Mensch

Jesaja 53: Er hatte weder Gestalt noch Schönheit.

Theologie

Schnörkelloses Latein
schrieb Doctor Martinus Luther:
homo in se ipsum incurvatus

in Ratio
Logik
Vernunft
verkrümmter Mensch

War es ein Schrei
oder Trost?
›Wir sein Bettler.
Hoc est verum.‹

Zitat: Martin Luther auf dem Sterbebett

Abraham

Dein Ruf

schöpferisch
zu beginnen

Kirche

Wenn du
Mantel und Gewand
um Gewand ablegtest
Panzer und
Kettenhemd abwürfest

nackt

Christus
liebte dich

Christenheit

Zum Gast
erwählt
ein unwürdiger Gast

lachte der Gastgeber
in sich hinein

Reformation

Noch einmal
den Anfang
wagen

in heutiger
Zeit

Bibel – Zwei Testamente

Daß ich
in eurer Bibel
zu Hause bin
so gültig
so ganz

das brauchte
das zweite Testament

Gott

Du erleidest
Fehlbarkeit

und Du leidest
das Leben

Exodus c.3

Als die Feuersflammen
glühten
war ich da
darin

und werde
mit dir sein

Christus

Mit Dir
älterer Bruder

beten

Adonai
Abba-Schrei

Maranatha

Diese Sehnsucht

gemeinsam
mit
den Geschwistern

Maranatha: Aramäischer Gebetsruf ›Komm, Herr!‹

Olam

Zwischen Anfang und Ende
das Fenster der Auferstehung

Blick aufs irdische Jerusalem
und die Welt
die kommt

ha olam
ha ba

Teil II

Licht und schlicht: Wann?

Bekenntnisse

Farben

Sonnensteigerndes Orange
kobaltblauen Himmel
sprossendes Smaragd
nahm Francis Bacon

aus dem Malkasten des Schönen
und Guten und Wahren

um dies
Schlachthausjahrhundert
malend
bloßzulegen

Jahrgang 1942

Warum
hast du überlebt?
Warum,
fragte ein Engel im Traum.

Über die Schwelle kam
das Wort:

Weil ich
kein Jude
war.

**Nur wer für die Juden schreit,
darf auch Gregorianisch singen.**

Im Leib der Psalmen
schrie dein Volk:
Vernimm mein Schreien,
Adonai!

Psalm
um Psalm
krümmte sich
zum Judenschrei
und öffnete das Tor
zum Heiligtum.

Nach Dietrich Bonhoeffer

Tübingen und Yad vaShem

Als die Synagoge
Schrein, Tora und Wurzel
angetastet wurden,
stellten sich
weder Ecclesia
noch Alma Mater
schützend
vor dich.

Söhne und Töchter
suchen,
was Heimat einst war,
im Tal des
Gedenkens.

>Tal des Gedenkens<: in Yad vaShem

Müssen

Man muß,
sagen sie,
muß
weitergehen
muß
vergessen können
muß

als ob
es noch eine andere
Notwendigkeit gäbe
das Notwendende
zu tun

Vater

Wenn du
nur einmal
einmal nur
gesagt hättest:
Wir
sind in die Irre
gegangen,
nichts sonst,
ich auch
verführt.

Du aber
trägst den Juden
ewig nach.

1933

Bereits
vor dem Stück
klatschte
das zahlende Publikum
begeistert, als
der Vorhang aufging.

Der Vorhang fiel.
Das war's.

Und jeder ging
in sein
Zuhaus.

1945

Der verlorene Krieg
hat mir alles
genommen
umgestürzt
meine Welt,
klagte der Bettler
im zerschossenen Tor.

Geil
streckte er
die Hand aus,
eigentlich
zu packen
gewohnt.

Stuttgarter Schuldbekenntnis

Zu widerstehen
lehrte die Tora
sammelte zur Treue
lockte zur Liebe

Allein
haben wir dich gelassen

Ganz allein
bist du
durch die Gassen
Straßen und Viertel
in die Kammern

in die Todesklage
gegangen

Der Allmächtige

Er war wie
Gottvater was
der Allmächtige kann.
Marionettenspiel
Fäden wir
konnten nicht
anders
Milleniumspiel

Aus zwei Jahrtausenden
verdichtete Regie
verknüpfter Fäden
und klappt
wie am Schnürchen
gelenkig und biegsam
dazugehören
Kopfnicken

Marionettenlist
zu tun als ob
was der Allmächtige
kann

Hain der Gerechten

Baumzeugen,
daß ich dir wird ein guter Baum,
praeludierte Paul Gerhardt
sangs ins Ohr

wie von selbst
selbstverständlich
absichtslos
so
inmitten der Wüste
der Wüstenei

im Aschenland

Mutter Nelly Sachs

Deutsches Land

in den Abraum
gräbst du
Meridian
schmerzhaften Erbarmens

Schuld

Unendlich mühsam
durchschmerzt Du
Gesichter

und erinnerst
den lachenden Schrei
angesichts des Lebens

Messias

Du glaubst
den Gottesschmerz

und Du
glaubst

MORALIA AL ANDALUS

Wer die Wahrheit erfahren will, muß dessen entfremdeter
Gestalt nachforschen. Theodor W. Adorno, Minima Moralia

Zitate aus Reiseführer:
Andalusien Dumont 1995 und Polyglott 1996.

Sevilla Juderia

Nachdem christliche Geistliche zur Hatz gegen
die Juden aufgerufen hatten, begann in Sevilla 1391
ein furchtbares Pogrom. Es bedeutete das Ende
der blühenden jüdischen Kultur in Spanien schon
vor der endgültigen Vertreibung von 1492.

Santa Cruz, das ehemalige Judenviertel, ist ein
Stadtteil, der immer wieder und zu jeder Tages- und
Nachtzeit eine Fülle romantischer Traumbilder auf
verschwenderische Weise Wirklichkeit werden lässt.

Sevilla Juderia

Den Toten
gehören die Gräber
ewig
wenigstens das.

Die Häuser stehen
in denselben Gassen
neu benannt
La Cruz

Nirgends ein
jüdischer Grabstein
nicht
einer.

Das Buch des Lebens
so
von Gewicht.

Giralda

Das stolze Minarett der Almohaden-Moschee ist heute der Glockenturm der Kathedrale und Wahrzeichen Sevillas: die Giralda. Er bestimmt das Weichbild Sevillas.

Das ehemalige Minarett aus dem 12. Jahrhundert hat 1568 einen dreiteiligen Renaissance-Aufsatz bekommen, in dem die Glocken der Kathedrale hängen. Auf der Spitze trägt er als Wetterfahne eine sich drehende Figur, die den ›Triumph des Glaubens‹ darstellen soll.

Giralda

Der Ruf
des Muezzins genügte
nicht
über dem Almohadenminarett
tanzt Giralda
schwindelt sich hoch
empor
bis zum
Triumph des Glaubens
zur Garotte.

Wer
traut sich
noch?

Columbus

*Die Kathedrale von Sevilla ist eines der gewaltigsten
Bauwerke der Christenheit, die größte Kathedrale der
Welt.*

*An der Puerta de la Lonja tragen vier Herolde den
Sarkophag des Christoph Kolumbus. Das Denkmal
entstand 1902.*

*Die vier Träger stehen für die Königsreiche Kastilien,
Leon, Aragon und Navarra.*

*Von den vorderen Figuren hält die linke als Zeichen
der Seeleute ein Ruder, die rechte eine Lanze, die einen
Granatapfel aufspießt – eine Allegorie auf die Eroberung
Granadas.*

Columbus-Sarkophag

Wie einen Halbgott
tragen sie
Colon
herein
Herolde
aus dem Reich
wo die Sonne
nie untergeht
in die Kathedrale.

Eine Lanze zersticht
den blattrosigen Nabel
und bricht
Granada auf.
Blutrote Samen
fallen
heraus.

Mezquita in Cordoba

Die riesige Moschee von Cordoba, ehemals die größte der islamischen Welt, misst 175 m in der Länge und 130 m in der Breite. Sie zeigt außen wie innen ein einheitliches Gesicht.

Nach der reconquista *nutzte man die Moschee als christliche Kirche. Gegen den Widerstand der Bevölkerung ließ der Klerus zu Beginn des 16. Jahrhunderts eine Kathedrale in das Zentrum des Bauwerks einpflanzen. Zu diesem Zweck fielen 63 der 856 Säulen. Ein Fremdkörper wurde in die Mitte gesetzt, der nun das gewaltige Hauptschiff der Kathedrale bildet.*

Mezquita in Cordoba

Palmenwald
von weiser Hand geordnet
hütet die Vielfalt
der Welt.

Byzantinisches Glasgold
blüht in das Gebet
hinein.

Ausgebrochen
verschanzt sich
kathedral
hinter ihren Mauern
gewaltige Kirche.

Synagoge in Cordoba

In Cordoba ist das größte in Spanien erhaltene
ehemalige Judenviertel zu sehen.
Von einem Hof aus zu betreten, liegt die einzig
erhalten gebliebene Synagoge Andalusiens. Reicher
Mudéjar-Schmuck bekleidet die Wände. Der Platz
für die Aufbewahrung der Tora-Rollen ist zu sehen.
1492, nach der Judenvertreibung, machten die Christen
daraus ein Tollwut-Hospital.

Synagoge in Cordoba

Allahvertraut
verlassen die Mudejaren
das fertige Brautgemach
und freuen sich:
Schabbat Schalom!

Isabelle und Ferdinand
stoßen
ins Jerusalemauge
den Pfahl
entjudifizieren
mit Fluchkreuz
ewigen Sabbatmund.

Herab steigt
der Himmel
die Erde empor
um in geschwisterliche Arme
seinen geschundenen Messias
zu legen.

Maimonides

*Die Calle de los Judios öffnet sich zu einem Plätzchen,
auf dem ein modernes Denkmal von Pablo Yusti
Maimonides ehrt, Cordobas namhaftesten jüdischen
Gelehrten und wohl wichtigsten jüdischen Religions-
philosophen des Mittelalters, 1135 in Cordoba geboren
und nach seinem Tod 1204 in Tiberias beigesetzt.*

Maimonides

Cordobese von Geburt
Tiberianer im Tod
umspannt
dein Gott
bis ins tausendste Geschlecht
unkündbaren Bund
und Segen
wünscht sich
wer deinen Schuh
berührt

Granada

Die katholischen Könige Ferdinand und Isabella, die seit 1479 das christliche Spanien regierten, wollten endgültig den Rest maurischer Herrschaft auf iberischem Boden vernichten. Am Ende dieses Kampfes für ein christliches und zugleich politisch geeintes Spanien stand der Fall der Königsstadt Granada. 1499 ließ Kardinal Cisneros 80.000 arabische Manuskripte verbrennen.

Granada

Ein christlich-
gottloses
Neujahrsfest
gab es zu feiern
1492.

Auf Scheiterhaufen
brannte
verbrannte
der Geist.

Jene Asche
entziffert
noch immer
Leben.

Altar de Santiago

Einige Seitenkapellen der Kathedrale sind interessant.
Gleich neben der Hauptkapelle bemerken wir beim
Eintreten in das Seitenschiff einen Reiter mit
geschwungenem Schwert. Es ist der heilige Jakobus,
im Volksmund auch matamoros, der ›Maurentöter‹
genannt.
Als Santiago ist er der erste Heilige Spaniens mit
einem eigenen, seit dem Mittelalter berühmten
Wallfahrtsort: Santiago de Compostela.
Hier sehen wir den Apostel in Aktion. Unter den Hufen
des Pferdes krümmt sich sein geschundenes Opfer.
1640 wurde der Altar von Alonso de Mena geschaffen,
und so tötet dieser Heilige vor unseren Augen immer
noch.

Altar de Santiago

Pilgerpfade
verwurzeln das Abendland
mit Santiago de Compostela.
Jakobsmuscheln werden
weiter
und weiter
gereicht.

Gefüllt
mit Blut
Maurenblut
Christi Blut
Matamoros!

Alhambra

Die Alhambra war eine Art Königspalast. Von der alten Anlage sind noch die Wehrmauern erhalten, sowie die Burg und als eigentliches Prunkstück der alte Königspalast.

Im 16. Jahrhundert ließ Karl V. Teile abreißen und einen eigenen Palast hineinbauen. Der Palast Karls V. ist ein wuchtiges und geradezu klassisches Bauwerk der Renaissance im Sinne Bramantes'.

Alhambra

Ornamentales Licht
und mehr Licht
erfüllt die Luft
flüstert im Wasserdiadem
schafft
und vollendet
Raum.

Renaissance
verdunkelte
Totengeburt.

Nach Isabellas und Ferdinands Tod übernahm der Habsburger Karl V. die Macht, deutscher Kaiser und als Carlos I. König von Spanien, Sohn von Philipp dem Schönen und Johanna der Wahnsinnigen.

Karl V.

Einigendes Band
zwang
über Höhen und Tiefen
hinweg
Karl
ultra plus.

Gott lachte
und ließ
aufgehen
über Gerechte und Ungerechte
seine Sonne.

Nach der Vertreibung der Mauren wurde 1492
die Kirche Sankt Miguel errichtet.
Die ehemalige Maurenburg heißt heute ›Balkon
von Europa‹.

Nerja

Tagsüber triumphiert
weißgetünchte Kirche
Ecclesia
über Synagogä.

Nachts
wenn endlich
ja endlich
die Beter verstummen
setzt sich
Sankt Miguel
ans Meer
und weint
und weint.

Tarifa

In Tarifa befinden wir uns am südlichsten Punkt
Spaniens und an der engsten Stelle der Straße von
Gibraltar. 14 km sind es nur, die Afrika von Europa
trennen.
Boabdil, der letzte Maure, entfloh 1492 über Tarifa
nach Afrika, von wo 710 der Berber Tarif gekommen
war.

Tarifa

Meergegenüber
entfloh
des Mauren letzter Seufzer
hin.

Schreie fallen
herüber
und prallen
ab
an der Bastion.

Licht und schlicht: Wann?

*Esra 2,63 nach Martin Buber: »bis ein Priester
für die Lichtenden und Schlichtenden ersteht.«*

Kalendarien in Jerusalem

Jeder zieht
seine Sonne
ans Land.

Gregorianisch
zweiundzwanzigster August
Neunzehnhundertvierundneunzig,
Julianisch
neunter August.
Koptisch
Aera Martyrum
sechszehnter Misri
Siebzehnhundertzehn.
Jüdisch
fünfzehnter Elul
Fünftausendsiebenhundertvierundfünfzig
nach Erschaffung der Welt.
Moslemisch
Hegira Vierzehnhundertfünfzehn
fünfzehnter Rabi 'al-Awal.

Ins Sonnenlichtende
kommt der Erdkreis
von selbst.

Chalkolitisches Heiligtum En Gedi

Quelle
und eine andre nahbei
sonst Wüste
Felswüste
zum Himmel hoch
und zu den Steinen
hinab.

Durch zwei Tore
kommen herein
Böcklein und Schulamith
werden eins im weißen Rund
zeugen und gebären
Sehnsucht
nach Gott.

Klage
Totenklage um den weisen Nabi
Samuel
verging im Wind.

Exodussiedler verrücken
den Stein der Hilfe.
Benjamin blieb
ein reißender Wolf.
Hannas Lied
wurde verschmäht
daß Hungrige feiern
Dürftige aufgerichtet
und Arme
aus dem Staub
erhoben werden.
Königswarnung verhallte
in alle vier Winde.

Auf ergrabener Opferhöhe
beugen sich Palästinenser
der Gewalt.

Chorazin

›Wehe dir, Chorazin!
Wehe dir, Bethsaida!
Und du, Kafarnaum?
Bis zum Totenreich
wirst du
hinabfahren!‹

Jesajanisches Lied
verspottete Babylons König
und besang
zertrümmerte Herrschaft.

Totentor öffnet
jesuanischer Fluch
daß Erde erbebt
Pogrom an Haus und Gehöft
Mikwe und Synagogä.

Eusebs Onomastikon
fiel nicht ins Wort
überliefertem Fluch
blieb ohne
Christianodizee.

Anastasis Constantinou

In die Liebe auferstanden
neuer Himmel und neue Erde
verkünden Orthodoxe
Aufschein von Licht
richtungsweisende
Wege zum Menschen
durch Schmerz
zum Leben.

Reliquie
versteinertes Bekenntnis
konstantinische Architektur
zum Glauben begrenzt

Konstantinische Auferstehungskirche in Jerusalem

Hippos und Tabor

Kirche an Kirche
als ob sie
das Weltengeviert trügen.

Begraben
Säule um Säule
Reihe um Reihe
niedergestürzt
nichts hatte
Bestand.

Weit gegenüber
weit vom Abendhorizont her
fällt herüber
langscheinend und weich
Taborlicht
auf den Golan.

Biram

Geschmückt basilisk
und weintraubenbekränzt
schreien Steine
um Tote und ihre Tode
und deuten
auf vergewaltigte Braut.

Maria nostra
weint
blind und stumm
über ihre vertriebenen Kinder.

Biram: palästinensisches Dorf in Israel bis 1948

Das Tal der vernichteten Gemeinden

Attempto
Hölderlin
Mörike
Stift
Hegel und Schelling
Tübingen am Neckar
wie Nektar klang.

Klirrende Kälte
im heißen Wind
und verstummte Namen
schreien aus der
schweigenden Labrysstadt
flehende Namen
›erinnere dich unser
höre uns‹
Namen
–
auch
טיבינגן
TÜBINGEN
schwarz eingebrannt

Leo Baeck Institut Jerusalem

›Wahrheit erkennen
Schönheit lieben
Gutes wollen
das Beste thun‹
Nathanische Mühe
sah
Moses Mendelssohn
voraus.

Auf ›die schwarze Antwort des Hasses‹
sprach Leo Baeck
in Zoar
das Kaddish.

Zitate: Moses Mendelssohn und Nelly Sachs.
Zoar: Lot rettete sich ins biblische Zoar, als Sodom
und Gomorrah zerstört wurden.

Am Grab von Else Lasker-Schüler

Sie fand
am Ölberg
zerbrochene Engelsflügel
Rippen und Schuppen um Schuppen.
Mit zitternden Händen
grub sie nach
verlorenem Glanz.

Ihre weitgegangenen Füße
ruhen
weisen hinüber
zu Synagogen Moscheen Kirchen
abendbesonnt.

Ihre Seele
›sucht allerlanden
eine Stadt‹

Abends erfüllt
schwebender Klang
das Kidrontal.
Eremiten
knüpfen Öllichterfunken
zusammen.
Verstimmt zog Asasel
in die Stadt

Dort treibt Angst
ihm Sündenböcke zu
und Blutfest feiert
Asasel.

Rosh haShana 5755 (1994)

Ob Gott auch
Steine
in das Buch des Lebens
trägt?

Fahl umkantete Quader
warm durchströmter Golgothastein
präzis gestichelte Blöcke
großzügige Saladinsbuckel
fürstliche Kronen von Süleymann
oder jungfräulich unbeschriebener Stein
ineinander verfugt
nebeneinander gesetzt
aufeinander geschichtet
aneinander gelehnt
übereinander getürmt.

Spielend
verflechten sie
Sonnenfarben
im Licht.

Schofar

Tekiah Shevarim – Teruah
Tekiah
Weltgeburt
Isaaks Bindung gelöst
Herrschaftsgottesruf
folgt
königliche Priesterschaft
heiliges Volk!
Erinnertes
liegt
auf der Waage.

Fotografieren
läßt er sich nicht
orthodoxer Sohn
aber für seinen arabischen Freund
bläst er
selig Schofar.

Yom Kippur

Meine und deine Hand
berühren den Klagemauerstein
hart und schwer.
Ruf des Erhabenen
dringt
zu uns.

Schließt sich
die Pforte der Nacht
verschließt sich nicht
das Tor Deines Erbarmens.

Nie
ist es
zu spät
steht im Buch der Güte
geschrieben
allen nah.

Sukkot

Segen
von Dir
durch Himmelstore
schwingt himmelerdwärts
vom Palmzweig
von Myrte
Bachweide und Etrog
zu Erdhorizonten
und Adonai
umarmt
alle Völker der Welt.

Simchat Torah

Ich habe dich
düster kennengelernt
wie eine gestrenge Großmutter
von Martinus Luther
schmallippige Mahnungen
dein Zorn war hart.

Du hast mich
zum Tanz geladen
Du hast gelacht
und mir
einen österlichen
schöpferischen Traum
geschenkt.

Simchat Torah: Freudenfest der Tora

Auf dem Kopf
trägt er
das Gebot
des Gebietenden.

Vom Weisenden
bekrönt
ergeht an ihn
das Gebot.

Alpha und Omega

Wo glühen tags die Sterne
und wo sonnt nachts das große Gestirn?
Wer kennt den Hundertnamen Allahs?
Zu welcher Stadt
leuchtet das Tor Deiner Worte?
Welcher Schein
erweckt Todesdunkel?

Goldgrund der Ikonen?
Das Wortinswort Zeugende?
Wegdeutende Liturgien?
Räucheropfer?
Kerzenopfer?
Halbdunkel im Gebet?

In allem
und weit davon –
die Armut zweier Hände
empfängt Überliefertes
und gibt es weiter
doch das Herz
ersehnt
umfassende Weite

Felsschwalben
tragen den Wind
hinauf.
Mühelos
kehren sie heim.

Eremiten
in ihren Höhlen
fast lastenlos,
trügen sie nicht
an ihren Leibern
schwer.

St. Maria in Valle Josaphat

Von Lichtstern
zu Lichtstern
wankt eine Prozession
die Kreuzfahrerschwellen
hinunter zur
Achermittwochsosterzeit.

Hinauf eilt
ein Kind
unbeschwert
von vergangenen Schatten
unbekümmert leicht.

Zionsverheißung

Brot und Wein
bot Melchisedek
in Salem Abram.

Zionsmauern
zog schützend
David um sein Volk.

Heiliger Bezirk
umgrenzte
Versöhnungsfest.

Schalom
wächst
im Garten der Welt

Vom höchsten Zion
sucht der Vater
verlorenes Kind.

Allen,
allen ein Fest.

Teil III

Israel, o Israel

SCHALOM ISRAEL

Ende des Schabbats.
Hell wird die Stadt
heller als der Abendstern.
Lichterketten durchädern
den prallen Leib der Stadt.

Irgendwo am Strand
schlägt das Meer an.
In den Dünen Liebesnester
voller Hast.

In einer Bar
sitzen Leute
kommen und gehen.
Zigaretten, Coca Cola, ein Bier.
Zum Abschied
todah schalom.

Cäsarea

Mitten durch die Ebene von Sharon
vorbei an schimmernden Fruchthainen
Tamarisken und Sykomoren
am Meer gelagert
Cäsarea.

Zerborstenes Säulenrund
Wasser gischt über die Trümmer.
Porphyrner Cäsar
mit abgeschlagenem Kopf.
Verklungene Schauspiele
über dem Meer.
Im Steinfragment
noch ›Pilatus‹ zu entziffern.
Aufgeflogen die Eule
die schwarzes Unheil
über Herodes Agrippa brachte.
Ein Hirt dort
mit geschultertem Schaf.

Vom harten Trotz
bröckelt der Stein
der Kreuzfahrer.
Dreifaches Chorrund bricht ab
und weist hinaus aufs offene Meer
wo gewitterlich sich
ein Regenbogen wölbt.

Akko

Sie kamen und segelten davon
Phönizier und Griechen.
Später Johanniter
und der vom Löwenherz.
Sie türmten auf
und tafelten im Palmensaal.
Vertrieben von Arabern
dann kamen die Türken
Jezzar der Schlächter.

Nur noch in der Ahmed-Jezzar Moschee
beten die Frommen
während andere
im Basar feilschen
um Brot und Fisch.

Abschwingt sich der Karmel
steil dem Meer zu.
Auf schmaler Zunge
türmen sich Bauten
Straßen zwängen
sich schlängelnd bergauf.
Frachter ankern an gerundeter Mole
Kräne wie Geier recken sich.
Golden glänzt die Kuppel des Abdul Baha
Tür zwischen Gott und Mensch.

Drunten aber unzählig
toten Augen gleich
Tanks.
Aus Kühltürmen
quillt Schwärze.

Noch immer
stinkt der Kison.

Rückkehr

Shave Zion –
wir sind wie Träumende.
Dem Schrecken
todmeisterlichen Landes
entflohen.
Einer Herde gleich
scharen sich Häuser
um fruchtbaren Boden.
Die mit Tränen säen,
werden mit Jubel ernten.
Man schreitet dahin unter Tränen
und streut den Samen,
mit Jubel kehrt man heim
und trägt hoch seine Garben.

Wo der Weg endet ins Meer,
verwittern Hakenkreuze
auf Mosaiken christlicher Zeit.

Kreuz

Nes Ammim
nicht mehr das Kreuz
Schwert
Zeichen von Elend und Mord.
Sondern
Herrschaftsverzicht
und Dialog
zwischen Erde und Himmel
Kulturen und Kirchen
Traditionen und Menschen:
Zeichen der Völker.

Nazareth

Erinnerungen kehren ein
auf dem Weg
an rundrückigen Bergen vorbei
mit Bäumen
einsiedlerisch und kahl.

Und dann erscheint
massig und prunkvoll
die Kirche
wo Gabriel unverhofft eintrat.

Noch wird der Geist
täglich beschworen
der längst schon entfloh
in Gewölbe und Gassen
wo das Leben hart ist
und schön.

See Genezareth

Voll stiller Gewalt
schiebt der See
steilabfallende Berge
rundum zur Seite.
Zypressen und Palmen
Oliven und Wein
wachsen im heiteren Garten.
Fischer ziehen Netze ins Boot.
Drohend drängen die Golanhöhen heran
und Trauer streift die Verheißung:
Selig sind
die Friedensstifter.

Hazor

Gräberfeld
mit verschütteten Spuren von
Hethitern und Pharaonen
Hyksos, Salomo und Tiglatpileser
Ödland auf weiter Ebene.

Dicht daneben
seit sechs Dekaden
ein Kibbuz
der Gegenwart
einen Augenblick lang.

Am Ölberg

Rings von Bergen umhegt
zum Kidrontal hinab
in einem Garten
Olivenbäume uralt.
Aus greisenhaften Strünken
wachsen Gerten hartbelaubt.
Gegenüber
ragt zinnenbewehrt Mauerwerk hoch
schier unüberwindlich
scheinbar.

Jordantal Westbank

Weichgepolstert
fallen die Bergrücken
und hügeln sich hinab
in die aufgebrochene Erde der Jordansenke.
Hinter einem Hirten blöken Schafe
vorbei am Geviert lehmiger Hütten.

Das Gras dort
schmeckt bitter und im Fleisch
schmerzen eiserne Stacheln.

Maidanek Stutthof
Auschwitz
und zahllose Stationen
im ererbten Land.
Zerfetzt und geschändet
die Rollen der Tora.
Draußen auf einem Hügel vor der Stadt
hängen Getötete.
Nur noch Schrei
das Gesicht der Mutter
die tot
ihren Sohn in Armen hält.

Flüchtig
wartet Passah
im Zelt des Gedenkens.

Am Toten Meer

Herabschießende Wadis
zerklüften die Berge Judas und Moabs.
Streng steigert sich der Himmel
während tief unten
tückisch und satt
glänzendes Wasser narrt.
Erwürgt der masadische Fels.
Die Distel blüht
und behakte Samen streunen im Wind.

Den Pyramidenbauern
entfloh das Volk.

Unter Herodes
verblassten die Steine Judäas
zu Totengebein.

An der Klagemauer

Dicht gedrängt
betend aus heiligen Schriften
die Männer der Familie
feiern Bar Mizwah.
Noch stützt
die Hand des Vaters
die Tora
die der Jüngling stolz
Mutter und Tanten zeigt.
Sie schreien und lachen
während der Vater den Sohn segnet:
Gott sei Dank
bin ich ihn los.

An der Mauer
stehen einsame Männer
die dem Herrn
ihre Träume beklagen.

Israel-Traum

Ich träumte.
Da zeigten mir Boten
Vergangenes wie Schatten:
Menschen mit Bogen und Spießen
traten aus dem Nebel hervor.
Feuer flammten auf
und verschwanden.
Andere kamen und gingen.

Und aus dem Gewölk
seufzten Schleppende
türmten Steine aufeinander.
Andere lachten
wenn wieder zusammenfiel
das Getürm.

Ein Leuchter brannte und erlosch.
Der Mond ging auf und unter die Sonne.
Mitten im Fest
brach Trauer aus
und in Klage
verwandelte sich Freude.

Und ich sah einen Alten
der alles mühsam niederschrieb
in ein Buch.

Da kam ein Engel
und sprach:
Geh und sieh selbst!
Und ich ging.

Ein weiter Garten öffnete sich.
Manche der Mauern
lagen eingestürzt.
Junge Zedern beschatteten
aufsprießendes Grün.
Die Wege ausgetreten
auch Spuren von Karren
und Fels aufgeschürft
wo der Pflug pflügte zu hart.
Vieles gepflanzt ganz frisch
vieles abgestorben von langher.

In des Gartens Mitte
stand ein Baum
mit mächtigem Wurzelwerk
in rissiger Erde
Gestein sprengend
kraftvoll hingewachsen zu Wasseradern.
Manche Wurzel aber
erstorben im Geröll.

Der Stamm war vernarbt
und in zwei Hälften geborsten
schwarzverkohlt in der Mitte.

Hie und da ein Strunk
von einst ausladenden Ästen.
Aus verwitterter Rinde
waren andere Äste gewachsen:
Aus der Nähe anzusehen
wie Dreigespieß
aus der Ferne
einem Leuchter gleich.

Und ich sah Menschen vorbeigehen.
Achtlos die einen
Andere gebückt.
Die rasteten im Schatten des Baums
rückten mit anderen zusammen.
Hin und wieder aber kam einer
der Steine nach ihnen warf.

Der Abendstern ging auf.

Beschwernisse

Galiläa

Hätten nicht Stimmen
erklingen müssen
zur Harfenmusik

wenn einer satt geworden
befreit
befriedet
besänftigt
beherzt
getröstet?

Statt dessen
dornt und distelt es
zwischen erstarrtem Basaltgestein.

Kapernaum

Synagogale Fragmente
Granatäpfel Trauben und Feigen
Oliven auch Blüten
und Akanthusblätter –
wie ein Garten
könnte die Erde sein
umbunden mit Stolz

wenn nicht wäre
der Wahn
Nacht
Kristallnacht
Steinenacht
Menschennacht.

Belvoir

Schön weilt der Blick
in die Weite
Ferne
in die Höhe.
Aber schrecklich zu schauen
ins Herz

wenn sie barfuß
bis an die Knöchel
im Blut waten
um ein Grab
zu ehren.

Gräber

Runder Berg voll Tod
wo Öl einmal
des Menschen Haut beglänzte.

Doch nicht einmal Steine
gäbe es genug
um all die Totenasche
zu bedecken
zu beschweren
die Erinnerung.

Memorial for Children

Kinder
und Kindeskinder –
Ich wünschte ihnen Leben
nichts als Leben
Lachen und Weinen
Arbeit und Spiel
Mütter und Väter
Schwestern und Brüder.

Jedoch
sie sind ein Sternenmeer
sternenklar
sternenweit.

Shoah

Als das Glas splitterte
sagten sie:
Es ist nur Glas.
Als sie den Fleck trugen
sagten sie:
Es ist nur ein Stückchen Stoff.
Als sie Abschied nahmen
sagten sie:
Es ist doch nur eine Reise.

Als sie wiederkamen
da waren sie
nur noch Asche.

Psalm 15

Herr, wer darf Gast sein
im Hain der Gerechten?
Wer darf weilen
im Schatten deiner Bäume?

Der unsträflich wandelt
und Gerechtigkeit übt
und Wahrheit redet von Herzen
und seinem Nächsten
kein Arges tut.

Sefad

Als ob nichts geschehen sei
stehen sie im Stübel
und danken für Leben
Freiheit und Leib.

Aufrechten Blickes
sehen sie im Buch ihres Lebens
Tora vermehrt.

Hurva-Synagoge

Verderben fiel auf die Stadt.
Die Sichelwagen gingen darüber
und Dreschschlitten dazu
auch die Mörderpflugschar noch.
Glut stürzte vom Himmel
und Totenklage
gellte durch die Gassen.

Doch jetzt spannt
Vergebung
den Bogen.

Menorah

Aus einer Wurzel
wachsen die sieben Völker
der Welt.
Aus einer Wurzel
umfassen die sieben Gestirne
das Himmelszelt.
Aus einer Wurzel
umschließen sieben Gezeiten
das Menschenwerk.

Siehe,
es kommen Tage,
spricht der Herr:
Da sende ich
einen Hunger ins Land,
das Wort des Herrn zu hören:
Liebe deinen Nächsten,
er ist ein Mensch
wie Du!

Sinai

Ich will ihnen in der Wüste zu Herzen reden. Hosea

Wadi al Arabah

Es schlafen die Götter Edoms.
Gepanzert sind die Brüste Astartes.
Neben Lots Weib erschlafft Baal.
Schildkrötenpanzer neben Riesenechsen.
Tiamat liegt in Felsbändern geschlagen.
Die Tische sind abgeräumt.
Die Sonne küsst
mit feurigem Mund
die Unterwelt.
Heimlich buhlt sie
um jedes Versteck im Geröll
für ihre Kinder.

Sinai

Die Götter haben
aus schwarzem Feuer und lichtem Quarz
sich ein Reich gebaut
grantig wie der Zorn
wie das Erbarmen sanft
hart wie ein Fluch.
Sie essen das Flimmern der Sonne
und trinken trockenen Wind.

Menschen gehört dieses Land
nie und nimmer
nur streifen
kannst du dort
Gottes Gegenwart.

Wüste

Wir haben alles
und alles
zwingt uns
in seine Gewalt.
In unserer Seele
kämpfen Alpträume
ihre Schlachten
zu tausend Wüsten
stumm und kalt.

Sand

Noch die kleinste Regung
und das winzigste Korn
schreibt in den Sand
von seinem Leben.

Aber selbst die gewaltigste Spur
zersägt und
verschüttet der Sand.

Am hohlen Stein

Eine Harfe
hat sich der Wind gehöhlt
und Orgeln
geformt aus Stein:
Himmelstonleitern
Pauken und Zimbeln
Bleugen und Rolen.

Wind weht ein Lied
voll leiser Kraft und
bezwingender Stärke:
Einmal wird alles Oben
Unten
und alles Unten
Oben sein.
Dann wird sein
menucha – Ruhe.

Jetzt aber
will ich spielen
wie die Engel singen.

Am Dschebel Barda

Alt ist Mose geworden,
nicht mehr der Erfahrene und Kundige,
von Tora beherrscht.
Er klagt,
glanzlos sein Gesicht.
Der Wind rollt Tränen im Sand.

Am Horizont
zieht die Hand Gottes vorüber.
Aus Steinen
wird sie Söhne und Töchter
erwecken.

Am Abend

Wenn die Sonne in die Berge
zu schneiden beginnt
dann halten sie an
die unermüdlich die Karawane
geführt.
Rasch werden vom Rücken der Tiere
die Lasten genommen.
Sie suchen umher nach Holz
und wenig später schon
flammt Schattenschein am Fels
wo sie das Lager bereitet.
Sie vollführen die Ordnung
die bleibt
Gehorsam
der Leben gibt.

Der tote Ort bei den Nawamis

Rasend zerschlug Thubal Schmiede,
Werkzeug, spaltet den Amboß,
zerbricht Lanze und Schwert.
Lohendes Erz spritzt und erstarrt
zu klirrendem Schiefer
schwarz wie der Tod.
Gekrümmte Messer zu schmieden
und gebogenen Pflug
mißlang.
Nur bei seinen Halbbrüdern
kann Thubal noch lachen.

Nach Genesis 4 ist Thubal der Vater derer, die Erz und Eisen schmieden.
Der Halbruder Jabal ist der Vater derer, die bei den Zelten und Herden wohnen; der andere, Jubal, ist der Vater derer, die Zither und Schalmei handhaben.

Bir Sa'al

Der Brunnen
der Wasser gibt.
Das Schattendach der Akazie
über die Äste
Kameldecken geschlagen.
Ein Stückchen Sand im Wadi umgrenzt
scheint behaust.
Brot in der Glut des Feuers
im Beutel Salz.
Nur überlebt
wer gebunden an die Väter
und ihren Gott.

Beduinen

Das Kostbarste
was er hat
nimmt der Beduine
vor dem Gebet
um sich die Füße
zu waschen

Gott

Gut
in dem alles
gut wird
und nichts
umsonst war

WIE EIN GLEICHNIS IST DIE WÜSTE

Der Negev-Krater

An den Rändern
krallt es sich fest
obwohl es bröckelt
stürzt hinab
ins weite Tal.

Wie kann das Harte
sich behaupten
wenn das Weiche
es nicht duldet?
Wie kann das Starke
stark sein
wenn das Sanfte
weicht?

Im Canyon Avdat

Ein Axthieb
Eisenpeitschenschlag
klüftet das Land
in ein schroffes Tal.

Oder war es
Geduld
Sanftmut
Beharrlichkeit
Stetigkeit

unaufhörlich
das Wasser
nur?

Der Tempel von Hathor

Wen meinte Ramses
als er Hathor das Wasser reichte?

Wen meinte Jethro
als er die Schlange verehrte?

Wen meinte Kanaan
als er die pralle Massebe schuf?

Wen meinten sie
im Sand
Geröll
Stein
im Fels?

Doch
daß das Leben
blühen
wachsen
reifen wird.

Die Zisterne von Tel Arad

Wer immer vorüberkam
Söhne Kanaans
Töchter Pharaos
Enkel Davids

wer immer vorüberkam
mit seinen Göttern
Bildern
mit seinen Namen

er schaute
in den Gottmuttermund
hinein.

Die Nabatäerstadt Avdat

Die Felder sind abgeerntet
gekeltert der Wein
die Oliven gepresst
Korn lagert im Speicher
und Wasser genug
füllt die Zisternen.

Geschlossen die Tore
das Fest hat begonnen.

Warum
läßt der Mensch
den Menschen
nicht
in seinem Geviert?

Die Säulen im Timna-Tal

Aufrecht
schauen sie ins Land

Erzväter
Erzmütter
schauen zurück
auf ihren Exodus-Weg.

Was sie
unter dem Herzen trugen
hat seinen Weg
gefunden.

Der Berg der Wallfahrer-Inschriften

Einträchtig beieinander
im Stein
Menorah
Kreuze
Allah
Bitten und Segenswünsche
auf dem Weg
zum Heiligtum

Jude
Christ
Moslem

Mensch

Windbriefe

Jahrtausendelang
hat der Wind
an diesen Briefen
geschrieben
und sich hineingeschmiegt
sanft und weich
in Steine.
Neben Feuersteinen liegen sie
und erzählen
von Gott:

Er war nicht
im Sturm
nicht im Beben
nicht im Feuer.

Er tönt
in der Musik des Winds.

Israel, o Israel

Sei dessen eingedenk, daß du Sklave gewesen bist im Lande Ägypten und daß der Herr, dein Gott, dich von dannen herausgeführt hat. Deuteronomium 5,15

Dornbusch

Undurchdringlich bewehrt
Stacheln Lanzetten Dornen
Schwerter und Spieße
bohren sich ins Fleisch
verletzen zerreißen verwunden
töten und morden.

Aus dem Dorn
leuchtet Feuer und Stimme
schöpferischer Treue.

Gosen

Flüche gellen
todschwangere Klagen
lauter als Hammerschläge
auf Porphyr und Granit.
Wutfunken
fliegen hoch in die Luft
und stürzen mit berstender Gewalt
auf halbvollendete Säulen herab.
Schon geht hinter dem Sklavenpeitscherrücken
ein Riß durchs Herrscherauge.
Auch der erlesene Felsblock
taugt nicht mehr zur Todesewigkeit
wenn der Weg der Lebenden
ins Befreiende führt.

Totengericht

Für die Unsterblichkeit
einer königlichen Seele gedacht
das goldene Grabgemach
die ganze Last der Pyramide
gewichtet eine Feder
den irdischen Preis.
Den Verhüllungen entschält
entpuppt sich
ein mumiengreisiges Totengesicht.

Unterwegs

Die Spitzen der Pyramiden
verbluten im Abendrot.
Eilends geht es inmitten der Nacht
nach Osten.
Vom Bitterkraut gereizt
frißt Angst im Gedärm
vom hastig geschlungenen Mazzen.
Weit ist der Weg
noch weiter.

Mara

Endlos ziehen Sandhorizonte
zu Sandhorizonten.
Endlos streckt sich die Zeit.
Jahre um Jahre.
Qual lügt
bedrückende Erinnerung um.
Salzig schmeckt das Wasser.
Doch der Durst
lechzt
nach der Quelle.

Oasen

Wie Träume der Seele
sind Oasen.

Lachen und Tanzen
jeder unter seinem Feigenbaum
jede unter ihrem Weinstock.

Ein Kreis
der sich schließt
und Schalom verheißt.

Aber noch kommen
Tränen und Klagen.

Weisung

Wo nichts wie Tod scheint
Wüste um Wüste
gewährt ein Baum Schatten
und singt im Geäst ein Vogel
und spendet eine Quelle Leben
und unterscheiden Mond und Sonne
Tag und Nacht.

Dem Menschen
gebührt das Göttliche
nicht
aber umhüllt ihn
mit befristender Sorge.

Ausblick

In üppiger Fülle
zeigt sich das Land.
Auch Menschen
gehören dazu.

Es gehört
wer es befriedet
mit teilender Hand.

Mose

Weit wandert sein Blick
über Granatapfelhaine
Feigen Wein Oliven
und saftiges Grasland
Palmen Akazien Zypressen
Oleander erblüht
über Höhen und Tiefen
Berge und Täler
Himmel und Erde
versöhnendes Land.

Todesvögel jedoch
fliegen auf
und brechen den Blick.

Jericho

Heiter gruppieren sich
Häuser und Haine
rund um den Urmutterturm.
Musizierend und singend
mit Cimbeln und Saiten
umtanzen Engel
oasische Stadt
über den Besetzer-
Bann
hinaus.

Jordan

Ostjordanisch
ernten Bauern Melonen
graben Kartoffeln aus roterdigem Boden
legen Kaktusfeigen behutsam in geflochtene Körbe.
Baumwolle blinkt sternig
und Tomaten reifen am zwergigen Strauch.

Auf der anderen Seite
vergrenzen verdoppelte Stacheldrahtzäune
verbranntes Land.

Dahin
die Feuer- und Wolkensäule
längst dahin.

Beth Schearim

Nachts wird es laut
in der Nekropole unter der Erde.
Rabbiner erhitzen sich
Judah Hanassi führt das Wort.
Hin und her geht es im Sanhedrin
noch mehr wird die Tora vermehrt
bis fast erstickt ihr Ruf:
Weist der Gerechtigkeit Weg.

Megiddo

Prall schwillt rundumgetürmte Feste
in der Ebene Jezreel.
Ansturm auf Ansturm
im Zeichen
unterschiedlicher Götter.

Vergeblicher Wahn.
Denn nichts kann
erzwingen Gewalt.

Nazareth

Freitags folgen Menschen
dem Muezzin in die Moschee.
Am selben Abend
wenden sich andere
der Schabbatbraut zu
und am Ende des Abends
neigen sich Häupter
zum sonntäglichen Eingangsgebet.

Unter der Woche
in beäugender Distanz
mit vergiftendem Blick
aber ohne die Steine werfende Hand.

Harfensee

Mildes unerschöpflich weites Erbarmen
zieht Kreise
und rundet sich den Ufern zu.
Fruchtbar
nehmen hochgewachsene Bäume
die Gnade auf.
Satt und froh
werden Menschen
durchpulst von sanfter Melodie.

Die Höhen hinauf
ziehen sich steinige Berge.

Golan

Still klagen Gebete
von der Minaretthöhe Kuneitras
herab
gen Himmel.

Niemand verharrt
zwischen den Grenzen
es sei denn der Tod.

Rot sickert Mohn
in die Erde
und blaudistlig
wehrt sich
ein Regenbogenrest.

Banyas

Unerschütterlich ragt der Fels auf
von Pans Flöte unverführt
mit petrinischen Spuren der Verirrung jedoch.

Wasser
schießt quirlend hervor
und strömt
gewaltig bergab
voller Lebensverheißung.

An der Jordanquelle lokalisiert sich das Wort Jesu:
Auf diesen Felsen will ich meine Gemeinde bauen.

Am Mittelmeer

Cäsarenimperial
mit Frevelhand
zertreten Legionen das Land.
Kreuzburgen folgen.
Dann geht der Halbmond
des Schlächters unter
und Ankömmlinge gebärden sich
stolz.

Weist denn niemand
unterscheidende Bestimmung
zwischen Beherrschung und Verheißung:
Ich bin der Herr, dein Gott?

Herodion

Ein Abszeß
stülpt sich auf
in der Wüste Juda:
Das Herodion.

Siedlung um Siedlung
wuchern
und nicht zu besänftigen
von Ismaels Olivenhaineflur.

Bis in die Ferne
weißfahl
trauern judäische Berge.

Kirjath-Arba

Moschee und Synagoge
einträchtig beieinander
hinter dem Grab von Machpela.

Draußen
ghettogleich abgewürgt
Hebron:
Geworfener Stein
heißt
gesprengtes Haus.

Verheißener Segen
verkommt:
Alle Geschlechter der Erde
werden sich Segen wünschen
in deinem Namen.
Statt dessen
hört Fluch auf
Fluch.

*Machpela: Grab Abrahams und Zeichen abrahamischer
Oekumene.*

Jerusalemer Segen

Wer
die Toten betrauert
und die Veraschten beklagt
den Schmerz der Opfer fühlt
und die Wut der Versklavten versteht
Grenzen befriedet
und Brücken schlägt
im Notwendenden wurzelt
und ungeteilt Menschlichkeit teilt
befreiend aufrichtet Recht
und Leben
in gemeinschaftlicher Geste vereint:

Der
wird ein Segen sein.

Inhaltsverzeichnis